Was schwimmt denn da? Es sind Solar-Anlagen! So lässt sich auch ein See nutzen, um Strom aus Sonnenenergie zu erzeugen.

Inhalt

Das gibt es alles zu entdecken!

Sag mal …

Jonas, 8 Jahre

»Können wir mit grüner Energie die ganze Welt mit Strom versorgen?«

»Ja. Allerdings müssen wir dafür viele neue Anlagen, Stromnetze und Energiespeicher bauen.«

ENERGIE DURCH PROPELLER

Sicher hast du Windräder schon in echt gesehen. Sie machen aus Wind elektrische Energie. Diesen Strom brauchen wir, damit Handy, Spülmaschine und Spielekonsole funktionieren, Lampen leuchten oder auch E-Autos fahren.
Weil der Wind über dem Meer besonders häufig bläst, findet man hier extra große Windparks. Manchmal stehen dort über 100 Windräder! Aber auch an Land ragen die Anlagen in den Himmel.

Grüne Energie voraus!

Auf dem Meer geht es stürmisch zu! Das können wir nutzen, indem wir Energie aus Wind gewinnen.

Nur mit Energie läuft's

Ohne Energie kein Leben

Sag mal …

Amina, 10 Jahre
»Was ist eigentlich grüner Strom? Strom ist doch unsichtbar.«

»Das ist symbolisch gemeint, so wie ein erhobener Daumen für okay steht. Grüner Strom wird umweltfreundlicher erzeugt als Strom aus Kohle oder Erdgas.«

Energie ist für alles wichtig, was wir tun. Sie zeigt sich in ganz unterschiedlichen Formen: als Wärme im Duschwasser, als Licht der Zimmerlampen oder im Rollen eines Fahrzeugs. Ohne Energie gäbe es dieses Buch nicht – genauso wenig wie den Stuhl, auf dem du sitzt.

Energie aus dem All

Die wichtigste Energiequelle für das Leben auf der Erde ist die Sonne. Über ihre Strahlen versorgt sie uns mit Wärme. Pflanzen können durch das Sonnenlicht wachsen und sind voller chemischer Energie. Und aus Pflanzen, die vor Jahrmillionen abgestorben sind, entstanden mit der Zeit Kohle, Erdgas und Erdöl. Diese fossilen Brennstoffe nutzen wir heute, um daraus Wärme oder Strom zu gewinnen. Dafür holen wir sie aus der Erde und verbrennen sie. Das schadet allerdings der Umwelt.

Kicken, Kohle und Kompost

Es gibt ganz verschiedene Formen von Energie: Wenn du einen Ball wegkickst, gibst du ihm Bewegungsenergie mit. Und wenn du Holz bei einem Lagerfeuer verbrennst, entsteht Wärmeenergie. In Kohle, Benzin und sogar in den Kartoffelschalen auf dem Komposthaufen steckt jede Menge chemische Energie. Man kann sagen: Energie ist überall!

AHA

Energie futtern

Auch dein Essen enthält Energie, ohne die dein Gehirn und deine Muskeln nicht arbeiten würden. Sie steckt zum Beispiel in Äpfeln, Paprika oder Käse. Zucker liefert zwar besonders viel Energie, trotzdem solltest du nicht zu viel davon essen.

SONST WÄR'S DUNKEL
Klar: Strom lässt Städte leuchten. Wir brauchen ihn aber auch für viele andere Dinge!

Völlig verwandelt

Bei den verschiedenen Energieformen ist eines ganz schön praktisch: Wir können sie ineinander umwandeln! Zum Beispiel durch Verbrennen wie beim Holz. Aus chemischer Energie wird Wärmeenergie. Oder wir machen aus Bewegungsenergie Strom, also elektrische Energie. Das passiert in großen Windrädern oder in Wasser-Kraftwerken. Auch aus der Energie, die in Sonnenstrahlen steckt, kann direkt Strom werden. Wenn wir Wind, Wasser und Sonne statt der fossilen Brennstoffe einsetzen, ist die erzeugte Energie grün.

WIND HAT KRAFT
Beim Kitesurfen wirst du durch den Wind angetrieben. Wind kann aber noch viel mehr!

WOFÜR VERWENDEN WIR ENERGIE?
Rund die Hälfte der Energie, die in Deutschland verbraucht wird, nutzen wir als Wärme. Die andere Hälfte wird entweder in Form von Strom oder im Verkehr verbraucht.

Warum brauchen wir grüne Energie?

Damit die Erde nicht überhitzt

Wenn man Häuser mit Erdgas heizt oder in Kohle-Kraftwerken Strom erzeugt, entsteht ein Gas namens Kohlendioxid, kurz: CO_2. Es lässt die Temperaturen auf unserer Erde ansteigen. Mit vielen schlimmen Folgen wie Trockenheit, schlechten Ernten, Stürmen und steigendem Meeresspiegel.

Sag mal …

Oskar, 9 Jahre

»Wie viel CO_2 steckt gerade in der Luft?«

»Etwa 0,04 Prozent. In einem Müllcontainer voller Luft wäre das ein großes Wasserglas CO_2.«

Was macht Kohlendioxid?

CO_2 kommt ganz normal in der Natur vor. Es ist ein unsichtbares Gas, das jeder Mensch und viele Tiere ausatmen. Pflanzen nutzen es, um Wurzeln, Blätter und Früchte zu bilden. Auch die Lufthülle der Erde enthält Kohlendioxid. Einen Teil der Sonnenstrahlen, die zu uns durchkommen, nimmt die Erdoberfläche auf. Den Rest wirft sie als Wärmestrahlung zurück. Das CO_2 hält einen Teil dieser Wärme auf dem Rückweg ins All fest. Normalerweise ist das auch gut so: Nur dadurch ist es auf unserem Planeten nicht eiskalt!

Mehr CO_2 heißt: mehr Wärme

Das Problem: Wenn wir Menschen immer mehr Kohlendioxid in die Luft bringen, können Pflanzen diese Menge nicht mehr aus der Luft ziehen und damit ausgleichen. Je mehr CO_2 aber in der Lufthülle der Erde steckt, desto weniger Wärme schafft es zurück ins All. Die Erde erwärmt sich!

SCHLECHT FÜRS KLIMA
Wenn in solchen Kraftwerken Kohle verbrannt wird, um Strom zu erzeugen, entsteht klimaschädliches CO_2.

GRÜNE ENERGIE, SOFORT!
Weltweit gehen Menschen auf die Straße. Sie fordern, mehr gegen die Klimaerwärmung zu tun.

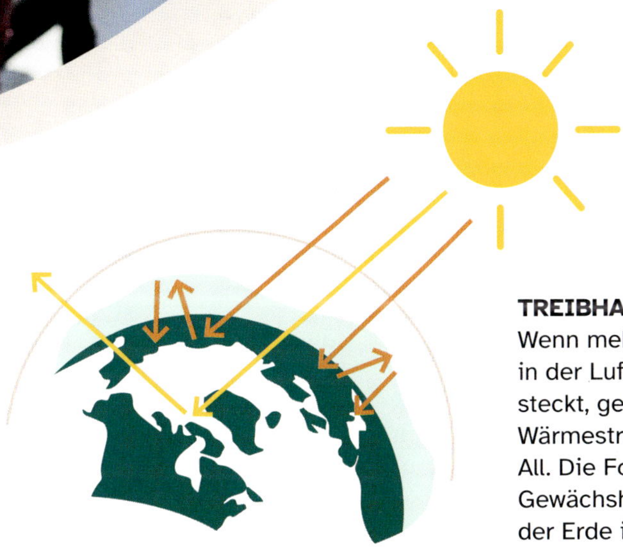

TREIBHAUS-EFFEKT
Wenn mehr Kohlendioxid in der Lufthülle der Erde steckt, gelangt weniger Wärmestrahlung zurück ins All. Die Folge: Wie in einem Gewächshaus wird es auf der Erde immer wärmer.

Wichtig: Energie sparen!

Dass die Temperaturen gestiegen sind, weil die Menschen zu viel CO_2 erzeugt haben, kann man heute deutlich messen. Es ist wichtig, dass wir etwas ändern und auf grüne Energie aus Sonne, Wind, Wasser, Erdwärme und Pflanzen setzen. Und wir sollten möglichst wenig Energie verbrauchen. Denn auch dann entsteht weniger CO_2.

→ Das können wir tun!

1 ***Licht aus***
Wenn niemand im Zimmer ist, müssen keine Lampen brennen.

2 ***Kurze Dusche***
Je kürzer das Wasser läuft, desto weniger Energie wird verbraucht.

3 ***Weniger heizen***
Wenn es kalt ist, kann ein Pullover helfen! Schon ein Grad weniger zu heizen spart viel Energie.

4 ***Stecker raus***
Elektronische Geräte müssen nicht am Strom hängen, wenn sie gerade nicht benutzt werden.

5 ***Auto stehen lassen***
Häufig kommen wir auch mit dem Fahrrad, dem Bus oder der Bahn ans Ziel.

Schlau: Doppelt ernten

Solarzellen gewinnen Energie aus den Strahlen der Sonne. Das geht nicht nur auf dem Dach, sondern auch über dem Acker!

FLÄCHEN GUT NUTZEN

Solarzellen hast du auf Hausdächern sicher schon gesehen. Sie finden sich überall in Deutschland, Österreich und der Schweiz. Aber auch auf Wiesen kann man Solarzellen aufstellen. Noch schlauer ist es, wenn Bauern und Bäuerinnen auf einer Fläche sowohl Obst oder Gemüse als auch Energie ernten. Dann stehen die Solarzellen einfach etwas höher. Allerdings müssen die angebauten Pflanzen Schatten mögen.

Wie macht man aus Sonne Strom?

So geht Solarenergie

SOLARPARK
Er besteht aus sehr vielen Solar-Anlagen, die im Boden festgemacht sind.

Zu Hause laufen Kühlschrank, Fernseher und Waschmaschine. Papa lädt an der Steckdose den Akku für sein E-Bike auf. Den Strom für alles liefern die Solarzellen auf dem Hausdach – wenn die Sonne scheint. Aber wie wandeln die Zellen die Energie des Sonnenlichts eigentlich in Strom um?

Sag mal …

Milan, 9 Jahre
»Wieso stellt man Solarzellen so oft schräg auf?«

»Weil sie das Sonnenlicht dann am besten auffangen können. Man kann genau berechnen, wie stark die Neigung sein muss. Außerdem fließen Regenwasser und Schmutz besser ab.«

Unsichtbare Winzlinge

Alle Stoffe setzen sich aus klitzekleinen Teilchen zusammen, die man Atome nennt. Du kannst sie nicht sehen, weil sie so winzig sind. Selbst ein Sandkorn oder ein Stecknadelkopf enthält viele, viele Milliarden Atome, die sich gegenseitig festhalten. Die Atome bestehen aus noch kleineren Teilen. Davon wird eine Sorte Elektronen genannt.

Teilchen-Strom

Manche Elektronen helfen den Atomen, zusammenzuhalten: Das sind die Bindungselektronen. Doch es gibt auch solche, die von Atom zu Atom wandern können. Nur mit ihrer Hilfe kann eine Fotovoltaik-Anlage oder Solarzelle funktionieren. Denn wenn die freien Elektronen alle in eine Richtung wandern, fließt elektrischer Strom.

Aufgeweckt

Solarzellen enthalten meist Gitter aus Silizium-Atomen. Die Elektronen im Gitter übernachten bei Dunkelheit gerne an ihren gewohnten Plätzen. Sonnenstrahlen aber wecken mit ihrer Energie die Elektronen und verjagen sie von ihren Plätzen. Die verscheuchten Elektronen ⊖ wandern jetzt zur Oberseite des Silizium-Gitters. Zurück bleiben freie Plätze ⊕. Diese verschieben sich in die entgegengesetzte Richtung, also zur Unterseite des Gitters. Da wollen die Elektronen hinterher!

Welchen Weg nehmen die Elektronen?

An der Ober- und Unterseite der Solarzelle befinden sich jeweils Kontakte aus Metall. Der Kontakt oben heißt Minuspol, der Kontakt unten Pluspol. Verbindet man Minus- und Pluspol mit einem Stromkabel, können die Elektronen hindurchfließen. Auf ihrem Weg zu den freien Plätzen auf der Unterseite der Solarzelle lassen sie zum Beispiel eine Glühbirne leuchten.

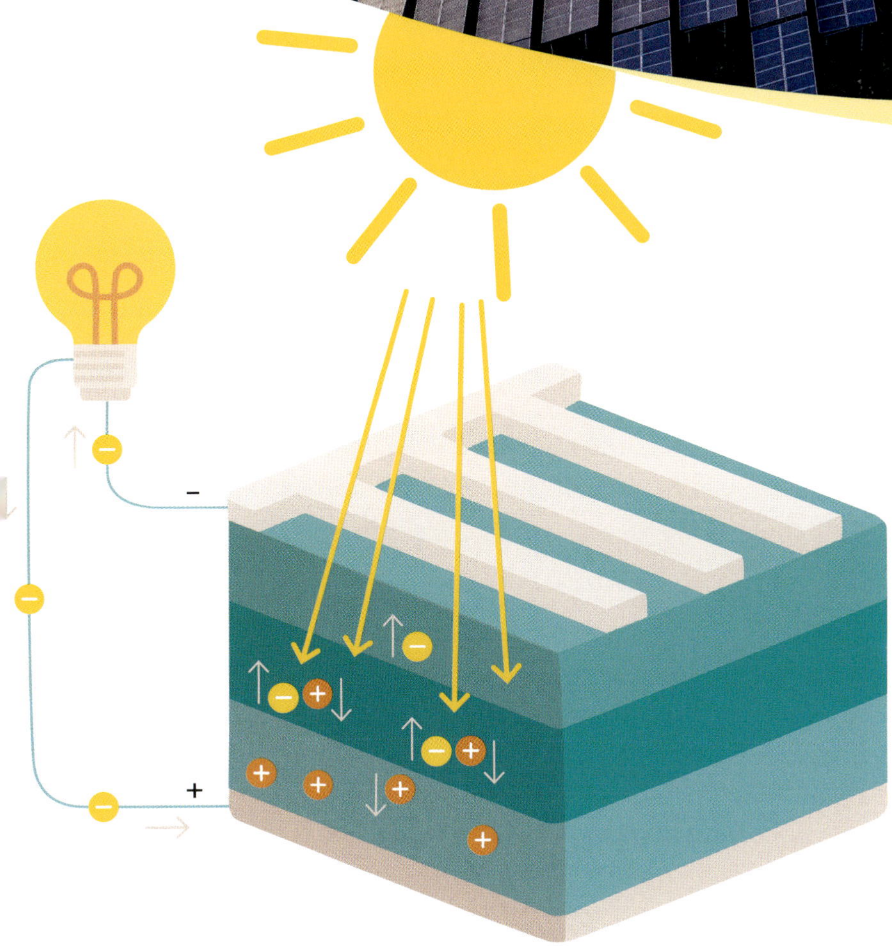

Und was ist, wenn es wolkig ist?
Nur weil sich Wolken vor die Sonne schieben, ist es ja nicht völlig dunkel. Das restliche Sonnenlicht reicht oft aus, damit Solarzellen Strom erzeugen. Allerdings ist die Strommenge deutlich geringer als bei strahlendem Sonnenschein.

SOLARZELLE
An ihrer Ober- und Unterseite befinden sich Metallbahnen. Dazwischen liegen drei Schichten aus Silizium. Sonnenstrahlen bringen Elektronen dazu, von der mittleren Silizium-Schicht zum oberen Metall zu wandern. Von dort fließen sie durch einen äußeren Draht zum unteren Metall. Im Draht fließt somit Strom!

Einfach riesig

Bauen im Meer

Windräder können mit Turm und Flügeln oft höher sein als der Kölner Dom. Die einzelnen Teile der gigantischen Anlagen werden in unterschiedlichen Fabriken hergestellt. Dann müssen sie zusammengebaut werden – und das ist mühsam und schwierig. Vor allem, wenn es mitten im Meer passieren muss.

Lange Flügel

Die einzelnen Teile der Windräder sind riesig und wiegen oft Zehntausende Kilogramm. Alleine die Flügel, die man Rotorblätter nennt, sind meist 40 bis 80 Meter lang. Wenn sie für den Einsatz auf dem Meer gebaut wurden, können sie sogar noch länger sein.

Und wie hoch ist der Turm?

Auch das Maschinenhaus, das am Ende ganz oben an den Rotorblättern sitzt, ist nicht gerade handlich: Die sogenannte Gondel ist größer als eine Garage. Und dann ist da noch das höchste und schwerste Teil: der Turm! Er ragt bis zu 150 Meter in die Höhe und wird in mehreren Teilen geliefert, die dann Stück für Stück zusammengesetzt werden.

Hau drauf!

Vom Schiff aus rammt ein riesiger Hammer ein Stahlrohr in den Meeresboden. Auf dieses Rohr setzt ein Kran dann das erste Stück des Turms, das viele Kabel und Elektronik enthält. Der Kran muss millimetergenau arbeiten, damit alles richtig steht und zusammenpasst.

Super* Fakten

1 *Eins für Tausende*
Ein einziges modernes Windrad kann pro Jahr so viel Strom erzeugen, wie **3000 Haushalte** verbrauchen.

2 *Zahlreich*
Anfang 2023 gab es **im Meer** vor der deutschen Küste **1500 Windkraft-Anlagen.**

3 *Noch viel mehr!*
Dazu kamen **30000 Windräder** auf dem deutschen **Festland.**

Transport
Nur gewaltige Lastwagen oder Schiffe schaffen es, die Bauteile von einem Ort zum anderen zu bringen.

Lager am Hafen
In Häfen am Meer werden die Bauteile für mehrere Windräder zwischengelagert, bis alles da ist.

Schiff mit Spezialauftrag
Mithilfe von Kränen werden Rotorblätter, Gondel und Teile des Turms auf ein Errichterschiff verladen. Dieses spezielle Schiff transportiert sie zu ihrem Ziel.

Stelzen ausfahren
Jetzt wird aufgebaut: Das Errichterschiff fährt seine Stelzen aus. Damit kann es sich auf dem Meeresboden abstützen. So steht es stabil über dem Wasser – selbst starke Wellen können ihm nichts anhaben.

Hoch hinaus!
Nach und nach wächst der Turm mit jedem Bauteil in die Höhe. Am Ende kommen die Gondel und schließlich die Rotorblätter an die Reihe. Dann ist es geschafft: Das Windrad steht!

Alles dreht sich

TURBINE
Die Energie von fließendem Wasser bringt diese Turbine dazu, sich zu drehen.

Um aus Windenergie, Wasserkraft oder Biogas Strom zu erzeugen, benötigt man Turbinen und Generatoren. Noch nie gehört? Hier erfährst du, wie diese Maschinen funktionieren!

Überall Turbinen …

Das Schaufelrad eines Wasser-Kraftwerks und der Teil eines Windrads, an dem die drei Flügel angebracht sind, haben etwas gemeinsam: Sie sind Turbinen. Durch Strömungen werden sie angetrieben und geraten in Bewegung – im Wasser oder in der Luft. Andere Turbinen funktionieren mit (Bio-)Gas oder Dampf, der durch sie hindurchströmt. Das wichtigste ist: Die Turbine muss sich drehen!

… und Generatoren

Turbinen sind immer mit einem Generator verbunden. Im Inneren dieser Maschine befindet sich ein starker Magnet. Um ihn herum liegen Spulen – das sind geschickt aufgewickelte Drähte aus Kupfer. Der Magnet wird durch die Bewegung der Turbine in Drehung versetzt. Dadurch entsteht in den Spulen eine elektrische Spannung. Diese treibt die Elektronen im Draht in eine Richtung – es fließt Strom!

Sag mal …

Paulina, 10 Jahre
»Macht ein Windrad Krach?«

»Ja. Es kann in der Höhe der Gondel so viel Lärm machen wie ein Laubbläser oder eine Motorsäge. 500 Meter entfernt hört man davon nur noch so viel wie von einem leichten Regen.«

LÄUFT ALLES?
So sieht es in der Gondel eines Windrads aus. Normalerweise arbeitet hier niemand. Manchmal gibt es aber Kontrollen.

Wie wird aus Bewegung Energie?

→ ***Wieso nicht mehr Flügel?***
Heute haben Windräder normalerweise drei Flügel. Man nennt sie Rotorblätter. Es hat sich gezeigt, dass so die Windenergie am besten ausgenutzt wird.

→ ***Bewegung, bitte!***
Die Windströmung erzeugt an den Rotorblättern einen Auftrieb, sodass sie sich drehen.

→ ***Der Generator legt los***
Die Energie der Drehbewegung wird direkt im Kopf des Windrads in Strom umgewandelt. Das übernimmt ein Generator.

GROSSFLÄCHIG
Dieser Flugdrache ist 120 Quadratmeter groß. Das ist ungefähr die Fläche von 30 Tischtennis-Platten. Es gibt sogar noch größere Drachen!

AHA

Überall Energiedrachen?

Weil sich Flugwind-Energie-Anlagen einfach transportieren und aufbauen lassen, könnten sie auch etwas für abgelegene Orte wie zum Beispiel Inseln sein. Drohen schwere Wirbelstürme, kann man die Drachen einholen und sicher verstauen.

Flieg, Drache!

Windkraft mal anders

In 200 bis 400 Metern Höhe bläst der Wind besonders kräftig. Flugwind-Energie-Anlagen mit Flugdrachen nutzen das, um Strom zu erzeugen. Sie brauchen nur wenig Platz und können auch bei wenig Wind betrieben werden. Eine richtig gute Idee!

Verrückt – oder nicht?

Die Anlagen wurden so entwickelt, dass der Drache automatisch startet und landet. Er hängt an einem langen Seil, das am Boden auf eine Winde gewickelt ist. Angetrieben von der Luftströmung steigt er auf und wickelt das Seil ab. In der Winde steckt ein Generator – er wandelt die entstehende Zugkraft in Strom um. Bei 400 Metern Höhe ist allerdings Schluss: Dann wird der Drache automatisch in eine Position gebracht, aus der ihn die Winde ohne viel Energieverbrauch herunterziehen kann. Wie bei einem Jo-Jo geht das Spiel danach wieder von vorne los!

JETZT GEHT'S RUNTER
Eine Maschine zieht den Drachen nach unten, indem sie das Seil aufwickelt, an dem er hängt.

Schon seit Jahrzehnten bauen Menschen Autos, die mit Solarenergie fahren. In Australien flitzen sie bei der »Bridgestone World Solar Challenge« um die Wette.

3 022 KILOMETER – GESCHAFFT!
Das Siegerauto von 2023 war auf der Strecke quer durch Australien im Durchschnitt 89 Stundenkilometer schnell. Gebaut hatten es Studierende aus Belgien. Autos für den Alltag, die nur mit der Energie der Sonne fahren, gibt es leider keine. Denn nicht überall scheint die Sonne so stark wie im australischen Sommer. Und selbst dann ist es bisher nicht möglich, mehrere Personen und Gepäck mit reinen Solarautos zu transportieren. Doch überall wird daran getüftelt, Solarzellen in Elektrofahrzeuge einzubauen. So könnten die Autos länger bis zur nächsten Ladung am Stromnetz durchhalten.

Sonnenenergie auf Rädern

Aus Mist wird Energie

Grünes Gas

Sag mal …

Ella, 9 Jahre
»Kann man auch aus unserer Kacke Biogas machen?«

»Ja! In Indien gibt es bereits 200 Biogas-Anlagen, die Pipi und Kacke aus öffentlichen Toiletten nutzen.«

Biogas-Anlagen erzeugen Strom und gewinnen Wärme aus pflanzlichen und tierischen Reststoffen, die übel riechen! Die Arbeit erledigen winzige Bakterien.

Wie entsteht Biogas?

Im Mittelpunkt einer Biogas-Anlage steht ein großer fensterloser Behälter. Er besitzt ein Dach aus Folie. In den Gärbehälter kommen Pflanzen oder Bioabfälle, außerdem Gülle oder Mist von Tieren. Und dann geht es schon los: Verschiedene Bakterien erzeugen daraus Biogas, das nach oben steigt und den Behälter füllt.

Verbrennen oder ab in die Leitung?

Das Biogas kann man in einem Motor verbrennen. Er treibt einen Generator an, der Strom erzeugt. Ein Teil der Energie des Gases wird beim Verbrennen allerdings zu Wärme und nicht zu Strom. Aber auch die Wärme lässt sich nutzen! Man kann damit nahe gelegene Gebäude heizen. Das Biogas kann aber auch so aufbereitet werden, dass man es über ganz normale Gasleitungen verteilen kann. Dann wird es wie Erdgas von vielen Menschen benutzt, um zu kochen oder zu heizen.

TIERISCH!
Schon die Kacke von nur drei Kühen pro Jahr reicht aus, um einen Haushalt das ganze Jahr lang mit Strom zu versorgen.

Biogas – wirklich grün?

Erzeugt man Energie aus Biogas, entsteht CO_2. Doch die Pflanzen, aus deren Resten die Bakterien das Biogas hergestellt haben, haben das CO_2 vorher der Lufthülle der Erde entnommen. Daher wärmt sich die Erde auf längere Sicht nicht zusätzlich auf, wenn man Energie aus Pflanzenresten gewinnt. Biogas gehört also wirklich zu den grünen Energieformen.

ENERGIEPFLANZEN
Zur Biogas-Herstellung eignet sich Mais, aber auch andere Getreidesorten oder Zuckerrüben. Man verwendet die ganze Pflanze.

BIOMÜLL
Auch darin steckt noch Energie!

Strom

Wärme

BLOCK-HEIZ-KRAFTWERK
In kleinen Kraftwerken wird Biogas verbrannt, um Strom und Wärme zu erzeugen.

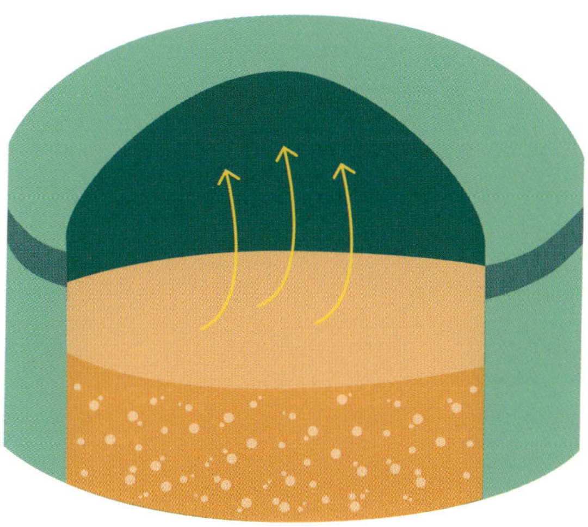

GÄRBEHÄLTER
Bakterien wandeln darin Energiepflanzen, Biomüll und tierische Kacke in Biogas um.

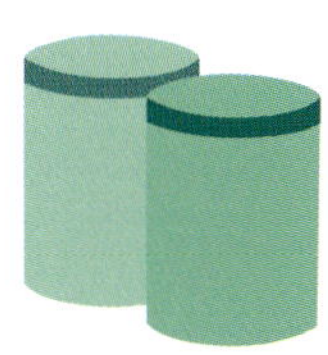

Kraftstoffe

Gasleitung

VERARBEITUNG
Aus Biogas kann man Gas herstellen, das sich wie Erdgas nutzen lässt. Oder es zu Kraftstoff für Fahrzeuge verarbeiten.

Im Gespräch mit ...

Fleißige Bakterie
Ihr Zuhause ist der Gärbehälter. Dort lebt sie mit vielen anderen Bakterien. Jeden Tag macht sie dasselbe: futtern und verdauen! Natürlich können die winzigen Bewohnerinnen einer Biogas-Anlage nicht sprechen. Wenn wir aber eine von ihnen befragen könnten, würden ihre Antworten wohl so lauten.

WIE DARF ICH DICH NENNEN?

Einfach Methanbakterie! Denn wenn ich gefressen habe, pupse ich Methan aus. Dieses Gas benutzt ihr dann zum Heizen und zur Stromerzeugung, habe ich gehört.

WAS FRISST DU DENN?

Essigsäure mag ich zum Beispiel. Das ist ein Stoff, den andere Bakterienarten ausscheiden, die mit mir in der Biogas-Anlage wohnen. Die wiederum fressen Stoffe aus Pflanzen und Abfällen.

IN DEINER BIOGAS-ANLAGE GIBT ES KEINEN SAUERSTOFF UND KEIN LICHT. IST DAS NICHT EIN FURCHTBARES LEBEN?

Nein, überhaupt nicht. Ich vertrage keinen Sauerstoff. Außerdem fühle ich mich in der Biogas-Anlage auch deshalb wohl, weil es so schön warm ist – rund 40 Grad Celsius. Vor allem aber werden wir alle immer satt.

GIBT ES EUCH ERST, SEITDEM DIE MENSCHEN BIOGAS-ANLAGEN BAUEN?

Nö! Artgenossen von mir leben zum Beispiel in den Mägen von Kühen. Da ist es auch schön warm und dunkel. Und es gibt immer reichlich zu fressen.

WINZLINGE
So sehen die Bakterien aus, wenn man sie unter ein sehr starkes Mikroskop legt. Sie sind tausendfach vergrößert!

ICH KANN DICH LEIDER GAR NICHT SEHEN. WIE GROSS BIST DU EIGENTLICH?

Schneid mal ein Haar von dir durch und guck dir an, wie dick es ist. Ich bin noch rund 100-mal kleiner! Deshalb passen in so eine Biogas-Anlage richtig, richtig viele von uns rein. Ich bin nie alleine.

Biogas aus Biomüll

Eine kleine Menge Biogas kannst du auch zu Hause selbst herstellen. Probier es doch mal aus!

1. Schneide zwei Handvoll Obst- oder Gemüsereste in kleine Stücke.
2. Gib sie zusammen mit drei Esslöffeln Erde und einem Teelöffel Zucker in eine kleine Plastikflasche (0,5 Liter).
3. Stülpe einen Luftballon über die Flasche.
4. Stelle die Flasche an einen dunklen und warmen Ort.
5. Warte einige Tage. Der Luftballon füllt sich mit Biogas – einer Mischung aus Methan, CO_2 und weiteren Gasen.

Tausende Liter pro Sekunde!

Aus Wasser wird Strom

Durch Wasser-Kraftwerke rauschen riesige Mengen Wasser. Die Kraftwerke wandeln die Bewegungsenergie des Wassers in Strom um. Dabei gilt: viel Wasser, viel Strom!

Fließend oder aufgestaut?

Wasser-Kraftwerke liegen meist an Flüssen. Es gibt aber Unterschiede: Durch Lauf-Kraftwerke fließt die ganze Zeit Wasser. So ist es auch im Kraftwerk Iffezheim, dem größten Lauf-Kraftwerk Deutschlands. Es liegt im Rhein und liefert Strom für rund eine halbe Million Menschen. Das sind etwa so viele, wie in Duisburg oder Nürnberg wohnen! Bestimmt kennst du aber auch Stauseen. Hier wird das Wasser eines Flusses erst mal nur aufgestaut. Genutzt wird es bloß dann, wenn der Hunger nach Strom gerade besonders groß ist. Die Röhren des Kraftwerks werden dann geöffnet – und das Wasser rauscht hindurch. Diese Kraftwerke werden manchmal als Speicher-Kraftwerke bezeichnet.

Wasser macht Druck

Das fließende Wasser treibt im Kraftwerk Maschinen an, die Strom erzeugen können. Die Menge des erzeugten Stroms hängt nicht nur von der Wassermenge, sondern auch vom Wasserdruck ab. Je tiefer das Wasser fällt, desto größer ist der Druck, mit dem es auf die Maschinen trifft.

Super Fakten

1 *Mega-Kraftwerk*
Das **größte Wasser-Kraftwerk der Welt** erzeugt jährlich etwa so viel **Strom wie 25 Kohle-Kraftwerke.** Es ist das chinesische **Drei-Schluchten-Kraftwerk**.

2 *Riesig*
Der **Stausee des Drei-Schluchten-Kraftwerks** ist mit **660 Kilometern** länger als die Luftlinie zwischen Hamburg und München.

NÜTZLICHER STAU
So sieht das Wasser-Kraftwerk Iffezheim von oben aus. Es liefert ständig Strom. Der 11 Meter hohe Staudamm schützt zudem vor Hochwasser.

ZU VIEL WASSER
Wenn oberhalb des Kraftwerks Überschwemmungen drohen, kann Wasser über den Überlauf abgelassen werden. Dabei wird dann kein Strom erzeugt.

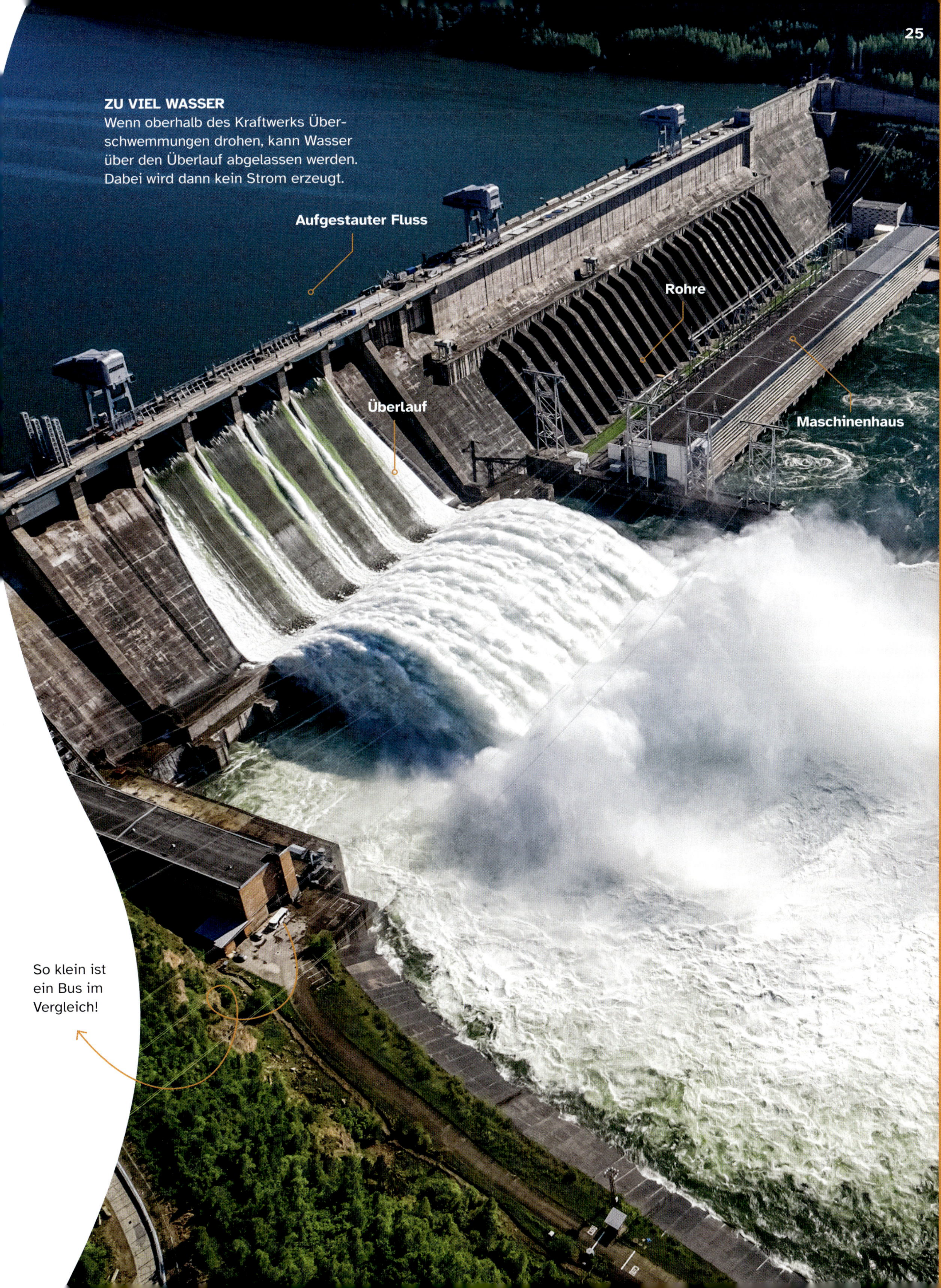

So klein ist ein Bus im Vergleich!

Ist grün immer gut?

Eingriff in die Natur

DAS WAR KNAPP!
Vögel erkennen im Flug die Windräder manchmal nicht rechtzeitig.

Gut an grüner Energie ist, dass sie die Temperatur auf der Erde nicht steigen lässt. Gut ist außerdem, dass sie nicht zu Ende geht. Man sagt auch, sie ist erneuerbar. Doch um sie zu gewinnen, greifen wir Menschen in die Natur ein. Das schadet Pflanzen und Tieren. Wir müssen darauf achten, die Folgen für Pflanzen und Tiere möglichst gering zu halten.

Windräder, Wale und Wanderfalken

Wenn Windräder aufgestellt werden, geht es laut zu – besonders, wenn das riesige Stahlrohr für den Turm des Windrads in den Meeresboden gerammt wird. Ohne Schutzmaßnahmen würde der Lärm Meerestiere schädigen. Deshalb werden zum Beispiel Blasenschleier an den Baustellen eingesetzt: Man erzeugt Luftbläschen, die den Lärm unter Wasser dämpfen. Sind die Windräder später in Betrieb und drehen sich, können sie Tieren auf dem Meer und an Land gefährlich werden: Vögel und Fledermäuse können mit ihnen zusammenstoßen.

»Die Schäden für die Natur sind auf ein Gebiet begrenzt. Die Klimaerwärmung bedroht aber die ganze Welt!«

Staudämme verändern Lebensräume

Staudämme werden gebaut, um mithilfe von Wasser grünen Strom zu machen. Die riesigen Bauwerke schneiden Aalen, Lachsen und anderen Wanderfischen aber den Weg ab, wenn diese durch Flüsse zum Meer schwimmen – oder umgekehrt. Fischtreppen an den Wasser-Kraftwerken können den Tieren helfen, die Hindernisse zu überwinden.
Oft wird für die Nutzung von Wasserkraft eine ganze Landschaft überflutet, damit ein Stausee entsteht. Dann verlieren viele Tiere und Pflanzen ihren Lebensraum.

Gefährdete Vielfalt

Um Biogas als grüne Energiequelle zu nutzen, brauchen wir energiereiche Pflanzen. Daher wird auf riesigen Äckern oft eine einzige, besonders gut geeignete Pflanzensorte angebaut – zum Beispiel Mais. So gehen aber natürliche Lebensräume von Pflanzen und Tieren verloren. Für die Natur wäre es besser, auf den Äckern verschiedene Wildpflanzen nebeneinander wachsen zu lassen. Sie bieten Insekten und anderen Tieren Nahrung und Unterschlupf.

Saubere Sonnenenergie?

Die Gewinnung von Strom oder Wärme aus der Sonnenenergie ist sehr umweltfreundlich. Allerdings benötigt man Energie, um Solar-Anlagen herzustellen – genauso wie für Windräder oder Staudämme. Diese Energie wird heute häufig noch aus Kohle oder Erdgas gewonnen. Wenn sich das einmal ändert, schont die Nutzung von Solarenergie das Klima noch mehr als bisher.

Es wird ständig besser

Weltweit erforschen viele Menschen, wie wir Tiere und Pflanzen besser vor den Störungen durch die Energie-Anlagen schützen können. Außerdem entwickeln Forschende Methoden, um den Energieverbrauch für die Herstellung von Solar-Anlagen und Windrädern weiter zu senken.

GEFÄHRDET
Schweinswale orientieren sich mit Schallwellen, die sie aussenden und empfangen. Der Lärm, der beim Bau von Windkraft-Anlagen entsteht, kann sie stören und ihrem Gehör schaden.

NICHTS WIE VORHER
Wo ein Staudamm gebaut wird, verändern wir die Landschaft stark. Hier siehst du die Baustelle für das Baihetan-Kraftwerk in China, eines der größten Wasser-Kraftwerke der Welt.

Seen mit Energie

Strom auf Abruf

Pumpspeicher-Kraftwerke nutzen die Energie von Wasser, das aus der Höhe herabfällt. Oft stehen sie still. Wird aber mal besonders viel Strom gebraucht, können sie innerhalb von Minuten den Betrieb aufnehmen.

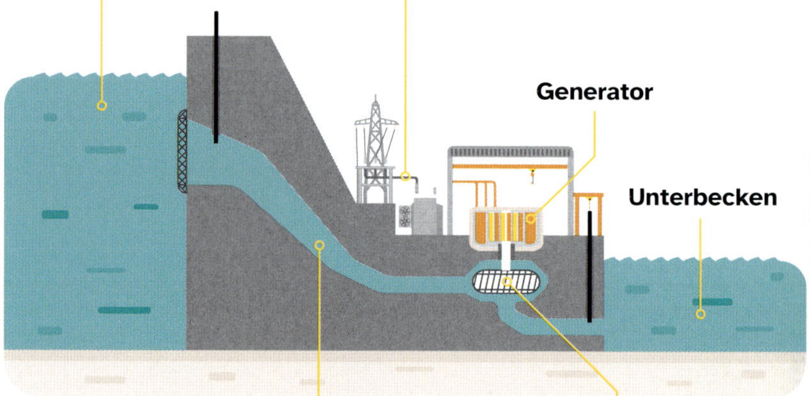

Wie geht das?

Pumpspeicher-Kraftwerke bestehen aus zwei Wasserbecken in unterschiedlicher Höhe, die man auch Oberbecken und Unterbecken nennt. Verbunden sind die Becken durch Rohrleitungen. Rauscht das Wasser von oben nach unten, treibt es mit seiner Kraft eine Turbine an. Generatoren verwandeln die Bewegung der Turbine dann in Strom.

ZWEI RICHTUNGEN
Fällt das Wasser durch die Rohre nach unten, dreht sich die Turbine, und es wird Strom erzeugt. Umgekehrt kann man das Wasser aber auch von unten nach oben pumpen, um es dort zu speichern.

Hoch und runter

Praktisch ist, dass Pumpspeicher-Kraftwerke keinen Wind und keine Sonne brauchen, um Strom zu erzeugen. Und man kann sie so einsetzen, wie es gerade nötig ist: Erzeugen Solar-Anlagen und Windräder mal mehr Strom als gebraucht wird, muss der nicht einfach verloren gehen. Man nutzt ihn, um Wasser vom Untersee in den Obersee zurückzupumpen. Wird dann später Strom gebraucht, leitet man das Wasser einfach wieder bergab in das untere Becken. Turbinen und Generatoren machen ihren Job und verwandeln die Kraft des fallenden Wassers wieder in Strom.

KRAFTWERK
Das größte Pumpspeicher-Kraftwerk Norddeutschlands steht in Geesthacht bei Hamburg.
Oberbecken
Hier wartet das Wasser auf seinen Einsatz.
Rohre
Maschinenhaus mit Turbine und Generatoren
Fluss Elbe als Unterbecken

Überall und immer Strom

Speichern und neu vernetzen

VERBUNDEN
Windräder, Solar- und Biogas-Anlagen erzeugen grünen Strom. Über Leitungen kommt er bei uns an oder wird gespeichert.

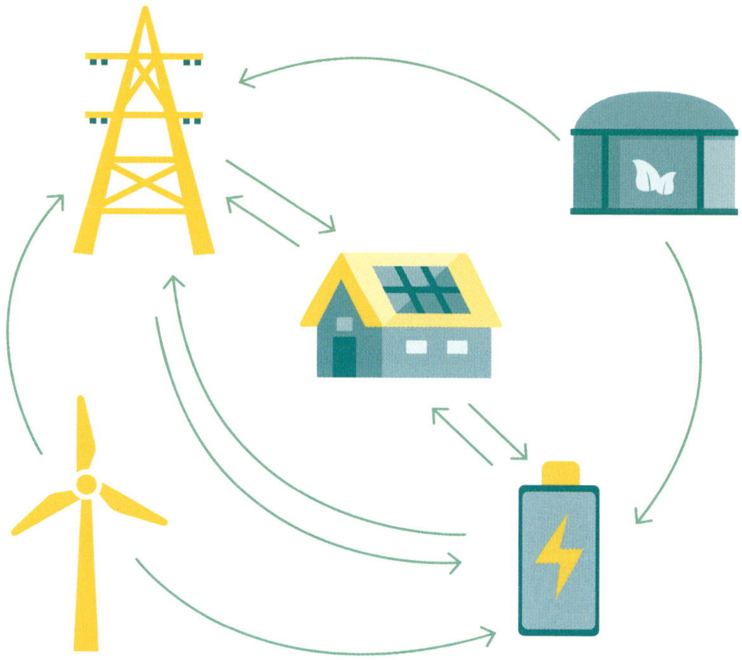

Unser Stromnetz besteht aus vielen, vielen Leitungen und Kabeln, die über und unter der Erde verlaufen. Es stammt aus der Zeit, als vor allem große Kohle- und Gas-Kraftwerke Strom lieferten. In Zukunft werden Tausende Windräder an verschiedenen Orten und Hunderttausende kleine Solar-Anlagen auf Hausdächern, Äckern und anderswo grünen Strom liefern. Passt das noch zusammen?

Windstill und dunkel: und jetzt?

Stell dir vor, wir setzen in Zukunft komplett auf grünen Strom aus Wind und Sonne. Und dann passiert das: Es ist dunkel und in Norddeutschland bläst der Wind schwächer, als es der Wetterdienst vorhergesagt hat. Eine riesige Anlage in einer Fabrik funktioniert nach einer Reparatur plötzlich wieder und verbraucht Strom. Bei der deutschen Fußball-Nationalmannschaft geht es nach einem Unentschieden ins Elfmeterschießen. Das wollen Zehntausende Menschen sehen: Alle schalten gleichzeitig ihren Fernseher ein. Plötzlich wird viel mehr Strom gebraucht, als im Netz vorhanden ist!

Vom Speicher geholt

Ein Ausweg kann gespeicherte Energie sein. Man leitet dann grüne Energie ins Netz, die bereits zuvor erzeugt und gespeichert wurde – zum Beispiel an einem sehr sonnigen Tag. Es ist ein bisschen wie bei Vorräten: Die legt man nach dem Einkaufen in den Kühlschrank. Und wenn der Magen knurrt, holt man sie wieder heraus.
Da Wind- und Sonnenenergie manchmal länger nicht verfügbar sind, muss sehr viel Energie gespeichert werden. Dafür braucht man viel neuen Speicherplatz. Weltweit suchen Forschende deshalb nach Möglichkeiten, Energie auf möglichst kleinem Raum zu speichern.

Entscheidende Sekunden

Eine andere Lösung kann es sein, Strom aus dem Ausland ins Netz zu leiten. Oder dafür zu sorgen, dass große Fabriken ihre Maschinen nur mit halber Kraft laufen lassen und so Strom sparen. Manchmal muss in Sekunden entschieden werden, was am besten ist. Dazu braucht man viele Informationen: Wird der Wind wieder stärker? Gibt es noch genügend Energie in den Stromspeichern? Wie viel kostet der Strom aus dem Ausland?

Je grüner, desto digitaler

Die meisten solcher Entscheidungen treffen heute Computer – sie sind dabei schneller und meist zuverlässiger als Menschen. Sie folgen Regeln, die ihnen Fachleute vorgegeben haben. Oder sie haben aus ähnlichen Situationen gelernt, was die beste Lösung ist. Die vielen Informationen, die die Computer für eine schnelle Entscheidung brauchen, bekommen sie von Messfühlern oder anderen Computern.

Super* Fakten

1 ***Sehr lang***

Die **Leitungen des deutschen Stromnetzes** sind zusammen rund **2 Millionen Kilometer lang**. Das ist eine Strecke, die 50-mal rund um die Erde führen würde.

2 ***Sehr kurz***

In Deutschland fiel der Strom im ganzen Jahr **2022 durchschnittlich nur für 12 Sekunden** pro Person **aus.**

GRENZENLOS
Die europäischen Länder teilen sich ein gemeinsames Stromnetz.

Grüne Energie auf Vorrat

Akkus und mehr

Eine Art von Energiespeicher kennst du ganz sicher: den Akku. Auf Knopfdruck nutzen Handy, Saugroboter oder E-Auto die in ihm gespeicherte Energie. Aber wusstest du, dass man Energie sogar in Gasen oder Flüssigkeiten speichern kann?

Voll ...

Ein Akku besitzt wie eine Einmal-Batterie an seinen beiden Enden einen Minus- und einen Pluspol. Im geladenen Zustand – also voll – enthält der Minuspol heutiger Akkus Lithium-Atome. Sie setzen sich aus negativ geladenen Elektronen und positiven Teilchen zusammen, die Ionen genannt werden.

... und leer ...

Wenn wir den Akku benutzen, geben die Lithium-Atome über einen äußeren Draht Elektronen ab. So entsteht Strom, der zum Beispiel deinen Spielzeug-Roboter antreibt. Im Akku zurück bleiben die Lithium-Ionen, die durch eine Flüssigkeit zum Pluspol wandern.

... und wieder voll ...

Wird der Akku wieder an die Steckdose zum Aufladen gehängt, läuft das Ganze umgekehrt: Die Ionen und Elektronen wandern wieder zurück zum Minuspol. Dort bleiben sie und haben erst mal Pause, bis der Akku wieder benutzt wird.

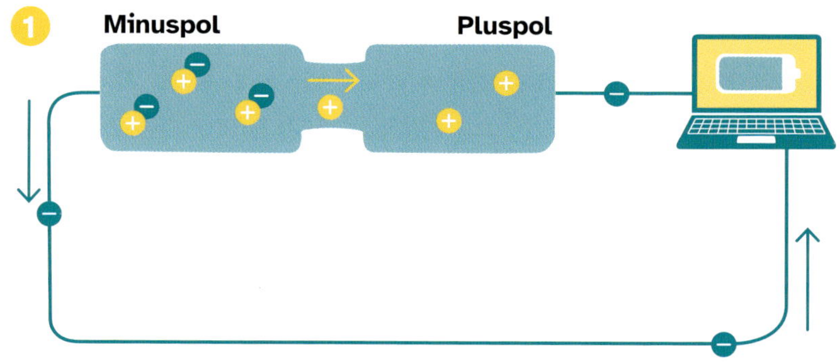

DER AKKU WIRD BENUTZT
Schaltest du deinen Laptop bei vollem Akku an, geben Lithium-Atome am Minuspol Elektronen in den Stromkreis ab. Die zurückgelassenen Lithium-Ionen wandern zum Pluspol.

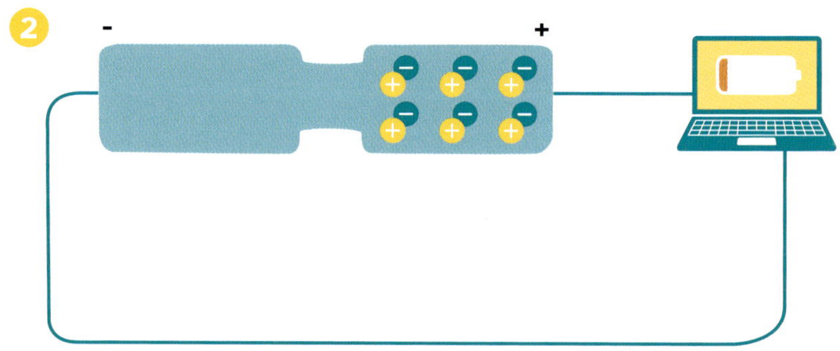

AKKU LEER!
Alle Lithium-Ionen sind zum Pluspol gewandert. Und am Minuspol gibt es keine Lithium-Atome mehr, die Elektronen abgeben können: es fließt kein Strom mehr.

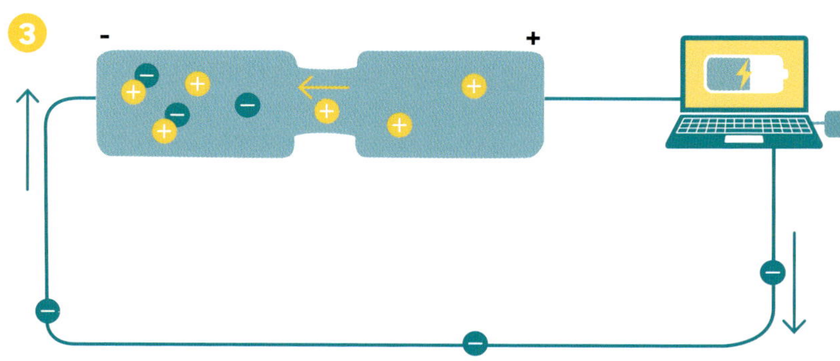

EINMAL AUFLADEN, BITTE!
Lädst du den Akku wieder auf, verläuft alles umgekehrt wie in Schritt 1. Die Lithium-Ionen wandern vom Pluspol zum Minuspol, ebenso die Elektronen im Stromkabel. Am Minuspol verbinden sich Ionen und Elektronen wieder zu Lithium-Atomen.

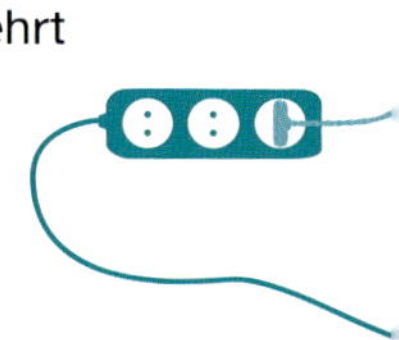

Sag mal ...

Hamza, 10 Jahre

»Was unterscheidet einen Akku von einer Batterie?«

»Batterien kann man nicht wieder aufladen, Akkus schon. Was oft verwirrt: Oft werden auch Akkus als Batterien bezeichnet, zum Beispiel im Auto.«

SPEICHERPLATZ
Diese Akku-Anlage in den USA speichert Energie für windstille Zeiten.

Gase voller Energie

Man kann Energie aber nicht nur in Akkus speichern. Wenn man gerade grünen Strom übrig hat, lassen sich mit seiner Hilfe Wasserteilchen in ihre zwei Bestandteile zerlegen: die Gase Sauerstoff und Wasserstoff. Dieser Vorgang heißt Elektrolyse und geschieht in speziellen Geräten.

Was ist eine Brennstoff-Zelle?

Braucht man später grüne Energie, kann man die Gase wieder zusammenbringen. Bei dieser chemischen Reaktion entsteht nicht nur wieder Wasser, sondern auch viel Energie. Damit die nicht in einem gewaltigen und kurzen Knall freigesetzt wird, passiert das in besonderen Geräten, die Brennstoff-Zellen heißen.

Wo findet man Brennstoff-Zellen?

Brennstoff-Zellen kann man in Autos einbauen. Dann fahren sie mit der Energie des grünen Wasserstoffs anstatt mit Benzin oder Diesel. Größere Brennstoff-Zellen werden aber auch in Gebäuden aufgestellt, um mehrere Häuser oder Wohnungen mit Strom und Wärme zu versorgen.

Vielseitig

Grünes Wasserstoff-Gas kann aber noch mehr: Es kann wie Erdgas verbrannt werden – zum Heizen oder in Kraftwerken, um damit Strom in größeren Mengen zu erzeugen. Der kann dann ins Stromnetz einfließen, wenn gerade mehr gebraucht wird, als Windräder und Solar-Anlagen liefern. Wasserstoff lässt sich sogar nutzen, um künstliches Erdgas oder Treibstoffe wie grünes Kerosin für Flugzeuge herzustellen!

Super Fakten

1 *Energiereich*
In **1 Kilogramm Wasserstoff** ist rund **dreimal so viel** Energie gespeichert wie in **1 Kilogramm Benzin**.

2 *Zusammen groß*
In Deutschland gibt es Speicher, für die **mehr als 10 000 Akkus zusammengeschaltet** werden!

3 *Die Größten*
Die **heute größten Akkuspeicher** können so viel Strom speichern, dass man damit **mehr als 15 000 Menschen einen Tag lang versorgen** kann.

GEBÜNDELTES SONNENLICHT
In dieser Anlage in China richten 12 000 gekrümmte Spiegel die Sonnenstrahlen auf die Spitze des Turmes. Die wird dadurch glühend heiß: über 1000 Grad Celsius! Diese Wärmeenergie wird benutzt, um Strom zu erzeugen.

Spitze mit Hitze

In besonders sonnenreichen Regionen der Erde stehen solche Solarturm-Kraftwerke.

Grüne Energie weltweit

Wo lohnt sich was?

SONNE SATT
Große Solar-Anlagen aufzustellen, lohnt sich im sonnigen Afrika eher als bei uns oder im Norden Europas.

Sonnenschein, Wind, Wasser und Wärmequellen sind auf unserer Erde ungleich verteilt. In manchen Gebieten sollte man deshalb vor allem auf Solarkraft setzen. In anderen lohnen sich Windräder mehr. Auf dieser Karte siehst du, wo die Bedingungen für welche Energieform am besten sind.

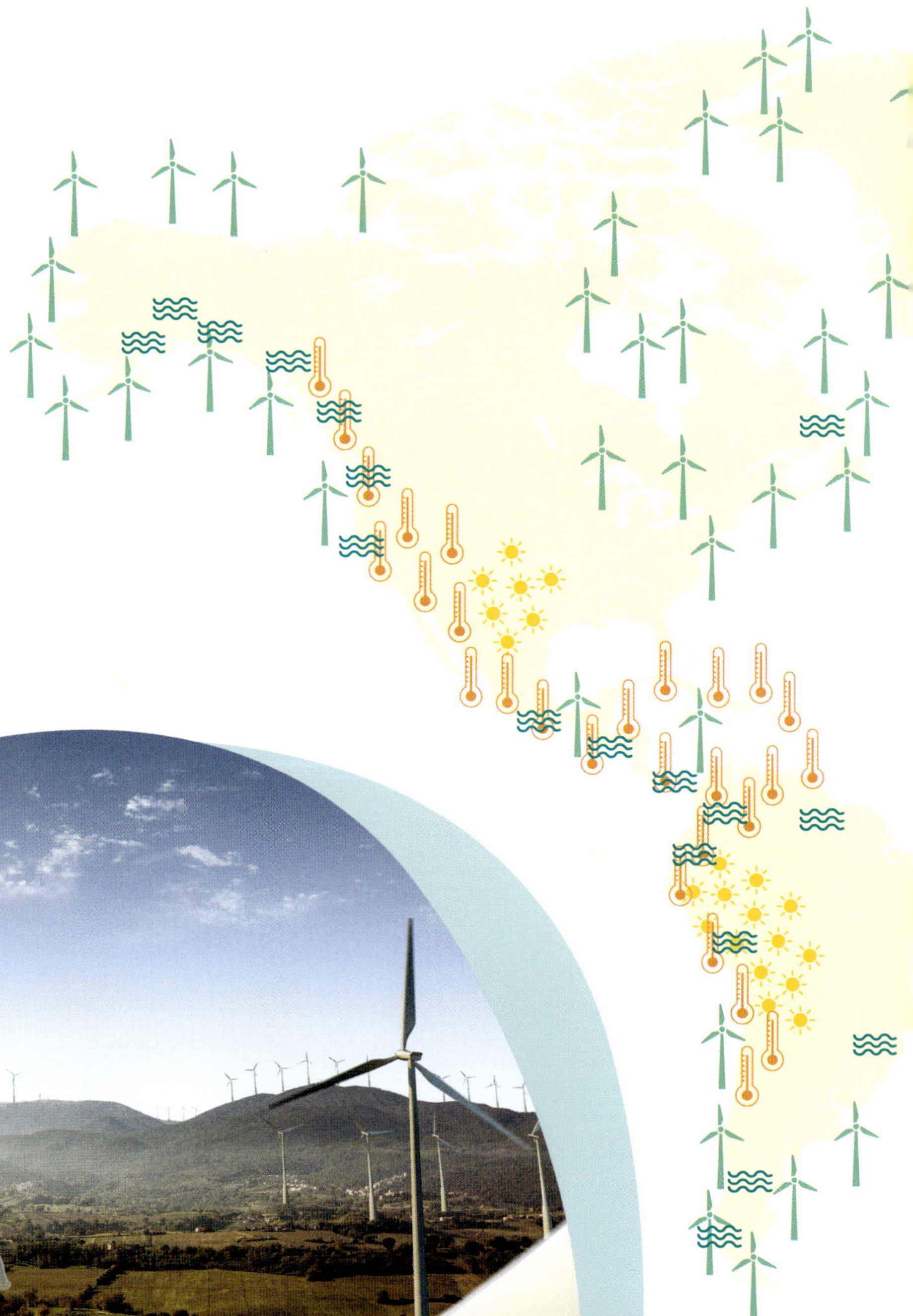

WINDIG
Genügend Wind für den Betrieb von Windrädern gibt es besonders in der Nähe von Küsten. Aber auch an Land können sie Energie erzeugen.

ES RAUSCHT!
Reißende Flüsse gibt es unter anderem im Norden Europas und in Asien.

ERDWÄRME
Wo heißes Wasser als Geysir aus der Erde schießt, lohnen sich meist auch Geothermie-Kraftwerke. So wie hier in Island.

Was uns bewegt

Neue Antriebe müssen her!

Schiffe, Busse und viele Fahrzeuge werden heute mit Motoren angetrieben, die Schweröl oder Diesel verbrennen. Doch dabei entsteht klimaschädliches Kohlendioxid. Daher arbeiten viele Menschen daran, umweltfreundlichere Antriebe zu entwickeln.

GRÜNER ANTRIEB
Dieser Bus tankt Wasserstoff. Und der kann mithilfe von grünem Strom erzeugt werden.

Fahren mit Akku

Das kennst du bestimmt: Manche Leute tanken heute nicht mehr Benzin oder Diesel. Stattdessen laden sie ihr Auto mit Strom zu Hause oder an einer Ladesäule auf. Die Energie des Stroms wird in einem Akku gespeichert. Manchmal sagt man auch Batterie dazu, das ist aber eigentlich falsch – denn eine Batterie kann man ja nicht wieder aufladen. Während der Fahrt gibt der Akku die Energie in Form von Strom allmählich an einen Elektromotor ab. Deshalb heißen diese Fahrzeuge Elektroautos oder kurz E-Autos.

WINDGETRIEBEN
Das Frachtschiff »Pyxis Ocean« hat Segel! Sie wurden nachträglich angebracht. Das Schiff spart so etwa ein Viertel Treibstoff. Bei Sturm oder in Häfen können die riesigen Segel eingeklappt werden.

Super Fakten

1 *Klimaschädlich*
93 von 100 PKW in Deutschland fuhren 2023 mit **Diesel, Benzin oder Erdgas**.

2 *Bald verboten*
Ab 2035 dürfen in der Europäischen Union **keine Neuwagen mit solchen Motoren** mehr fahren.

Und die Laster?

Hätten Lastwagen einen Akku-Antrieb, müssten sie oft sehr lange an Ladesäulen halten, um ihre Akkus aufzuladen. Denn um ihre schwere Ladung zu transportieren, verbrauchen sie viel Energie. Noch schwieriger ist es bei Schiffen: Da es auf dem Meer keine Ladesäulen gibt, kämen sie nicht weit. Aber wie kann man die umweltschädlichen Dieselmotoren von Schiffen und Lkw dann ersetzen?

Wasserstoff an Bord

Eine Antwort könnten Wasserstoff-Antriebe wie Brennstoff-Zellen sein. Darin werden Sauerstoff und Wasserstoff zusammengebracht. Die chemische Reaktion der beiden Gase erzeugt eine große Menge Energie. Besonders praktisch: Im Wasserstoff lässt sich mehr Energie auf kleinem Raum speichern als in einem Akku. Daher könnten mit ihm größere Strecken ohne Stopp zurückgelegt werden.

Und die Bahn?

Züge fahren heute meist schon mit Strom. Er kommt aus der Oberleitung. Doch egal, ob für Züge, Elektroautos oder Wasserstoff: Die Nutzung von Strom ist nur dann gut für das Klima, wenn er grün ist. Also nur dann, wenn man ihn mit Windrädern, Wasserkraft oder Solarzellen erzeugt hat – und nicht in Kohle- oder Gas-Kraftwerken.

AN DER LEITUNG
Züge bekommen ihren Strom meist direkt aus der Oberleitung. Anders als Elektroautos brauchen sie also keine Batterien, die aufgeladen werden müssen.

Wunderbar warm!

HEISS – AUCH BEI FROST
Auf der Insel Island im Norden Europas gibt es viele Vulkane. Dort kommt heißes, geschmolzenes Gestein aus den Tiefen der Erde bis an die Oberfläche. Deswegen ist auch das Wasser im Erdreich unter Island besonders warm. Die Menschen dort verwenden es, um Gebäude zu heizen oder darin zu baden.

In Island kommt heißes Wasser ganz natürlich aus der Erde. Perfekt, um es zu nutzen!

Aus der Tiefe

→ ***Zuverlässig***
Geothermie-Kraftwerke liefern stetig Energie – ganz egal, wie das Wetter gerade ist.

→ ***Kalt abwärts***
In vielen Geothermie-Kraftwerken wird kaltes Wasser über Rohre in 400 bis 5 000 Meter Tiefe geleitet, wo es durch die Erdwärme erhitzt wird.

→ ***Heiß aufwärts***
Das heiße Wasser wird nach oben gepumpt. Aus der enthaltenen Energie gewinnen Geothermie-Kraftwerke dann Strom und Wärme.

HEISSER DAMPF
Dieses Kraftwerk steht in Island. Es wird direkt mit Dampf betrieben, der aus der Erde kommt. In Island muss man nicht so tief bohren wie bei uns, weil die Erde dort wärmer ist.

Wärme pumpen

Geothermie-Kraftwerke setzen auf Erdwärme aus Kilometern Tiefe. Doch auch die Wärme nahe der Erdoberfläche lässt sich nutzen, um Häuser zu heizen. Dazu braucht man bestimmte Geräte, die Wärmepumpen. Laufen sie mit grünem Strom, entsteht kein CO_2.

BOHRER
Mit solchen Bohrköpfen kann man Löcher machen, die viele Hundert Meter tief in die Erde reichen.

Wasser von weit unten

In Deutschland finden sich die meisten Geothermie-Anlagen in München und Umgebung. Sie nutzen heißes Wasser, das sich in 2000 bis 3000 Metern Tiefe unter der Stadt befindet. Dieses Thermalwasser wird durch eine Bohrleitung nach oben gepumpt. Seine Wärme wird auf das Heizungswasser einer Fernwärme-Anlage übertragen. Das abgekühlte Thermalwasser wird danach wieder in die Erdschichten zurückgeführt. Das erwärmte Heizungswasser dagegen fließt in Wohnungen und Häuser.

Wärme aus der Erde

Um oberflächennahe Erdwärme zu nutzen, verlegt man Rohre in 50 bis 100 Metern Tiefe. Durch sie leitet man kaltes Wasser, das im Erdreich auf etwa 10 Grad Celsius erwärmt wird. Das reicht noch nicht, um eine Wohnung zu heizen. Daher braucht man Wärmepumpen. In diesen Geräten gibt das Wasser die Wärme an eine spezielle Flüssigkeit ab, die bei geringer Temperatur verdampft. Der Dampf wird zusammengepresst, wobei er sich erhitzt. Diese Wärme wird in die Heizung übertragen.
Es gibt übrigens auch Wärmepumpen, für die man gar nicht bohren muss: Sie nutzen die Wärme aus der Luft. Auch im Winter!

WÄRME AUS LUFT
Wenn ihr schon eine Wärmepumpe habt, ist es ziemlich sicher eine Luftwärmepumpe. Sie sind am häufigsten.

Super* Fakten

1 *Superheiß*
Im **Kern der Erde** herrschen Temperaturen von **5000 bis 7000 Grad Celsius.**

2 *Nach außen kühler*
Seit ihrer Entstehung vor 4,5 Milliarden Jahren **kühlt die Erde von innen nach außen ab.** Schon in **wenigen Kilometern Tiefe** ist es aber **sehr viel wärmer** als an der Oberfläche.

3 *Weltrekord*
Ein amerikanisches Unternehmen plant, für ein Geothermie-Kraftwerk **bis zu 20 Kilometer tief** zu bohren. **Das wäre Rekord!**

Grüner Wohnen

Wie geht es klimafreundlicher?

Vielleicht haben sich deine Eltern auch schon mal darüber unterhalten, ob eine Flugreise zu viel CO_2 verursacht? Oder ob sie sich lieber ein Elektroauto anschaffen? Doch mindestens genauso wichtig für das Klima wie der Verkehr ist die Frage: Wie bauen und wohnen wir?

UMGEBAUT
Die Stegerwald-Siedlung in Köln wurde schon vor 70 Jahren errichtet. Zwischen 2015 und 2019 wurden 600 Wohnungen umgebaut. Danach verbrauchten die Menschen dort sehr viel weniger Energie aus Erdöl und Erdgas. Es entstand nur noch ein Viertel des CO_2 von vorher!

Früher und heute

Die allermeisten Gebäude in Europa stammen aus einer Zeit, als die Menschen noch nichts über die Klimaerwärmung wussten. Man baute Öl- oder Gasheizungen ein und stellte Garagen für Benzinautos auf. Der Strom aus der Steckdose kam aus Kohle-Kraftwerken. Das Klima war einfach kein Thema. Heute wissen wir es besser!

SO KÖNNTEN WIR IN ZUKUNFT WOHNEN:

Fernwärme-Rohre
Sie verteilen heißes Wasser zum Heizen. Erhitzt wird es von Wärmepumen. Die nutzen Erdwäme oder die Abwärme aus nahe gelegenen Fabriken.

Ladestation
Hier gibt es Ladesäulen für Elektrofahrzeuge. Außerdem kann man sich Fahrräder, E-Bikes und E-Autos ausleihen.

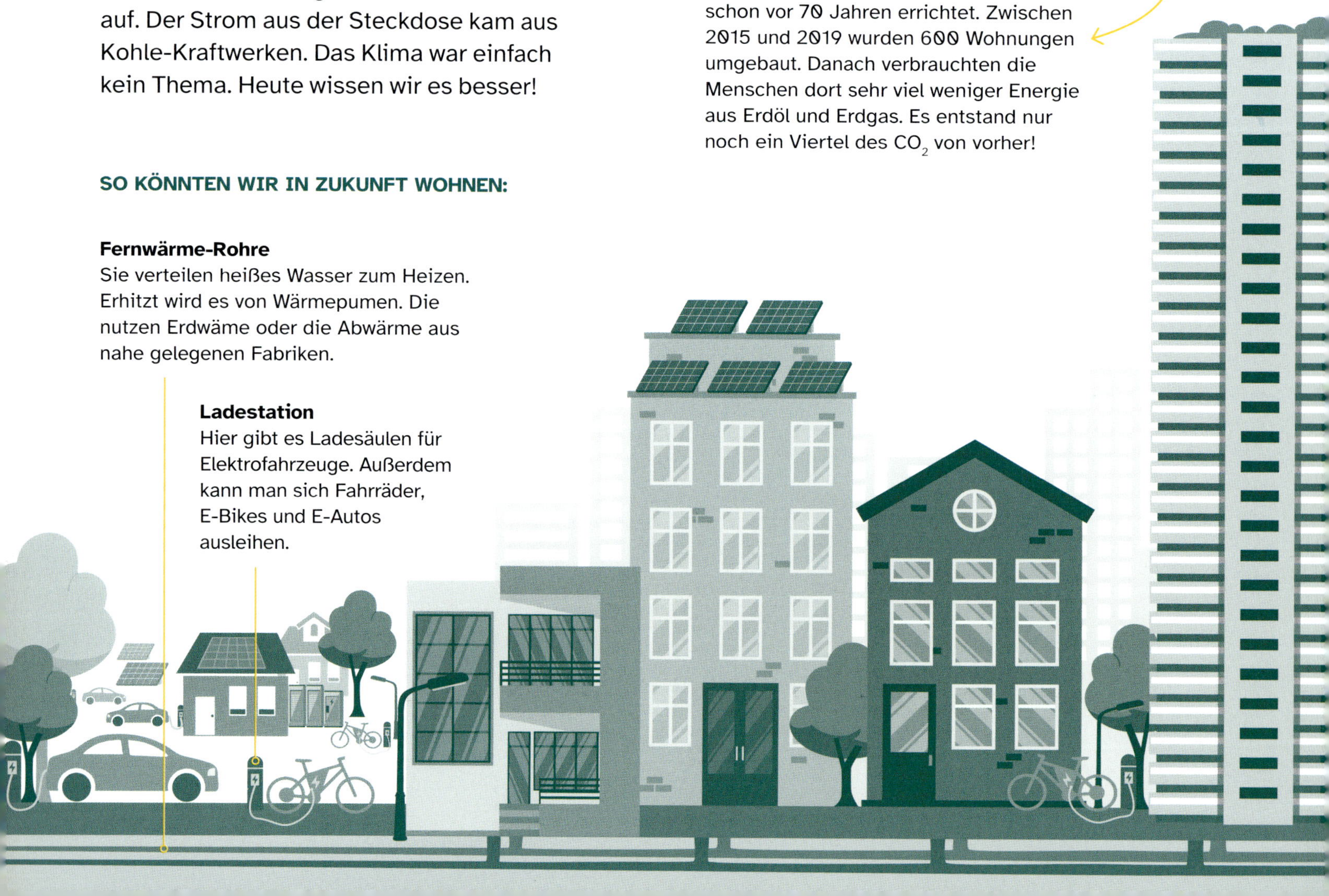

Besser bauen

Wer heute ein Haus neu baut, achtet zum Beispiel darauf, dass es Wände und Fenster bekommt, durch die kaum Wärme verloren geht. Das ist erst einmal teurer. Aber dafür spart man später Geld.

Gemeinsam handeln

Doch auch für Häuser, die schon stehen, wird überlegt: Wie kann man sie so verändern, dass alle darin weniger Energie verbrauchen und das Klima schonen? Natürlich kostet es viel Geld, Fenster auszutauschen, die Ölheizung durch eine Wärmepumpe zu ersetzen oder Solarzellen auf das Dach zu stellen. Doch je mehr Menschen mitmachen, so gut sie können, desto besser ist es für das Klima.

Das haben wir auch zu Hause!

Vielleicht wohnst du schon in einem Haus mit Solar-Anlage oder Wärmepumpe? Super! Wenn solche Geräte in Zukunft günstiger werden, können noch mehr Menschen sie kaufen. Gut für das Klima!

Dämmung
Hauswände, Kellerdecken, Dachböden und Dächer sind mit Dämmstoffen ausgerüstet. Außerdem gelangt durch neue Fenster weniger Wärme nach draußen.

Solarzellen
Sie sitzen auf Dächern und an Balkons. Solarzellen liefern Strom für die Wärmepumpen, den Kühlschrank, den Warmwasser-Speicher, den Fernseher und vieles andere.

Wärmepumpe
Kleinere Häuser nutzen eigene Wärmepumpen für ihre Heizung.

Batteriespeicher
Der große Akku bewahrt Solarenergie für Zeiten mit weniger Sonnenschein auf. Viele Häuser haben auch eigene Energiespeicher im Keller.

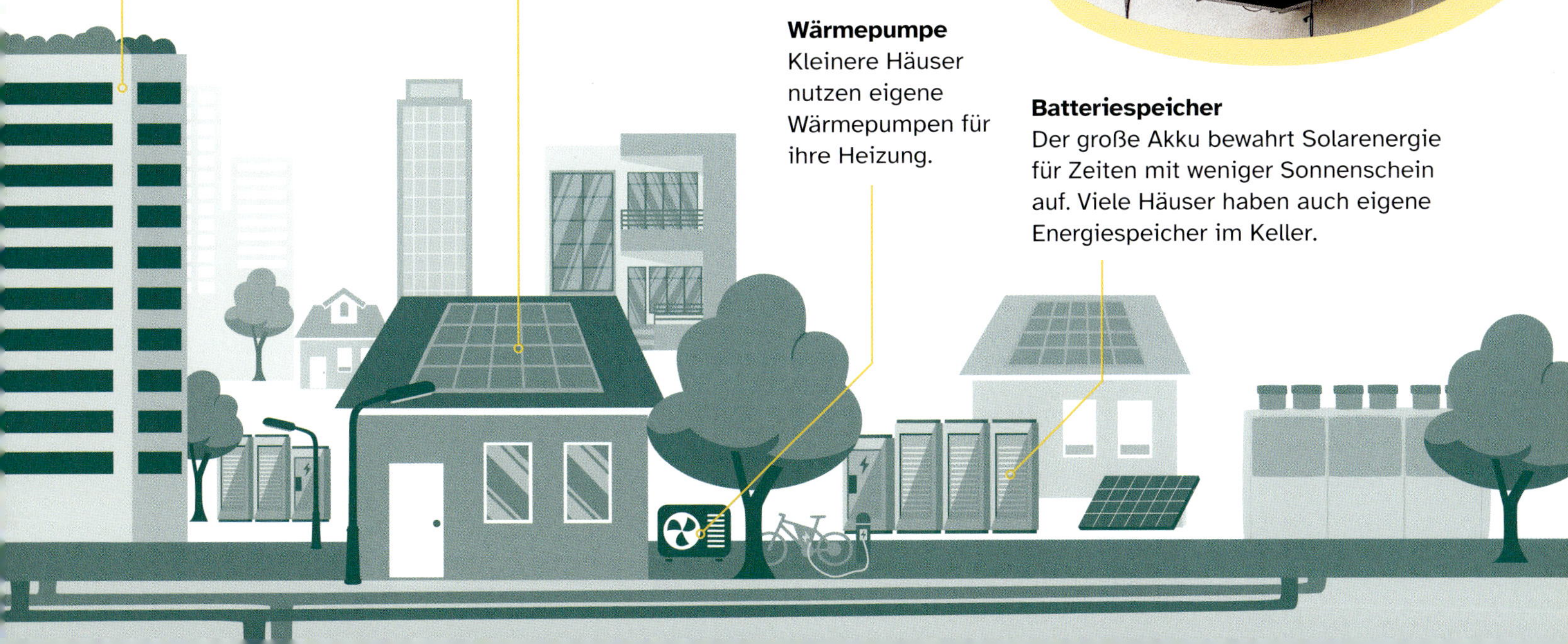

zum **Jupiter!**

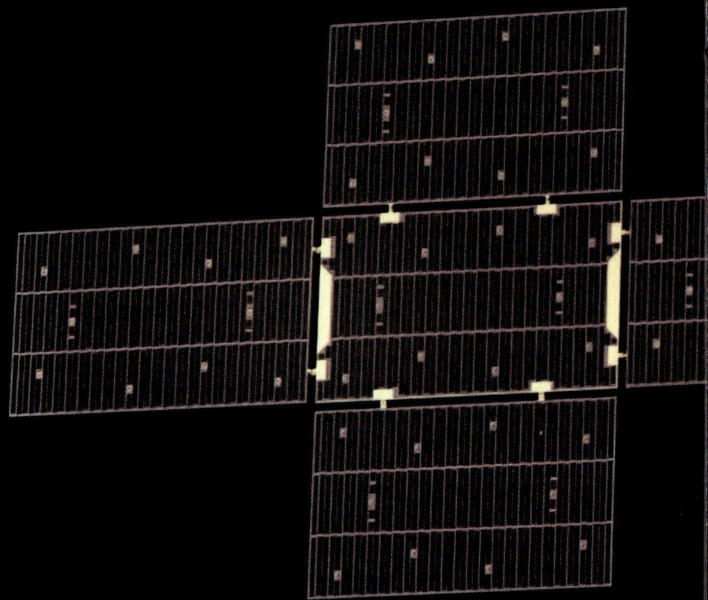

Die Raumsonde JUICE soll den größten Planeten unseres Sonnensystems umrunden und ihn mit Kameras erkunden. Dafür braucht sie Strom!

STROM IM ALL

Was tun, wenn es nirgends eine Steckdose gibt? Die sucht man im Weltall ja vergebens! Die Antwort: Man benutzt Solarmodule – bei der Raumsonde JUICE sind es zehn Stück, auf zwei Flügel verteilt. Weil sie zusammen so groß sind wie etwa 20 Tischtennis-Platten, produzieren sie genügend Strom. Und das, obwohl das Sonnenlicht am Ziel der Reise 25-mal schwächer ist als auf der Erde. Übrigens: JUICE ist noch auf dem Weg zum Jupiter und kommt erst 2031 dort an.

Wer hat dieses Buch geschrieben?

»Windräder sind wichtig, damit es auf der Erde nicht immer wärmer wird.«

Im Gespräch mit ...

Dr. Frank Frick, Journalist
Er hat Chemie studiert und berichtet seit mehr als 25 Jahren für Zeitschriften über neue Technologien, die mit Energie zu tun haben. Dafür spricht er auch oft mit Forschenden. In seiner Freizeit spielt Frank gerne Tennis.

WIESO WOLLTEST DU DIESES BUCH SCHREIBEN?

Ich schreibe sonst nur für Erwachsene über Energie. Ich war gespannt, ob es mir gelingt, darüber auch für Kinder zu schreiben. Außerdem habe ich selbst schon vor fast 50 Jahren gerne WAS IST WAS-Bücher gelesen.

MAGST DU EINE VON DEN GRÜNEN ENERGIEFORMEN AM LIEBSTEN?

Nein. Ich weiß, dass wir in Zukunft alle grünen Energieformen nutzen müssen, damit sich das Klima nicht immer weiter erwärmt. Deshalb finde ich alle gleich gut.

WENN DU ETWAS ERFINDEN KÖNNTEST, WAS WÄRE DAS?

Ich würde etwas erfinden, mit dem man große Mengen des klimaschädlichen CO_2 aus der Luft entfernen und es dann in wertvolle Stoffe umwandeln kann. Da arbeiten bereits viele Forscherinnen und Forscher dran – bisher aber ohne den ganz großen Erfolg.

Bildquellennachweis:
EnBW: 13ml (Ulrich Wirrwa), 13mr (Ulrich Wirrwa), 13ul (Ulrich Wirrwa), 24ul (Daniel Maier-Gerber); **Getty Images**: 11o (zhihao), 13or (1391571921), 15 (timandtim), 34-35 (Visual China Group), 37ur (Izzet Keribar), 40-41 (John and Tina Reid); GP JOULE: 39ol; **Image Professionals GmbH (spl)**: 23ol (EYE OF SCIENCE); **Innoptus Solar Team**: 18-19 (Geert Vanden Wijngaert); **mauritius images**: 38ul (Pictorial Press Ltd / Alamy Stock Photos), 48Hg. (Mischa Keijser / Image Source); **Nature Picture Library**: 27or (Solvin Zankl); **picture alliance**: Inh.-Verz.ul (photoshot), 8-9 (Jochen Tack), 14u (Klaus-Dietmar Gabbert / dpa), 22-23m (Patrick Pleul / dpa), 23ol (Abdeljalil Bounhar / AP Photo), 26or (Mark Schuurman/ Buiten-beeld / Minden Pictures), 27ur (photoshot), 28ul (Mathias Bein / dpa), 29 (Bernd Clemens / euroluftbild.de / ZB), 42 (ROM / imageBROKER), 43or (Catherina Hess / SZ Photo), 46-47 (Associated Press); **Profoto**: 48ul (Dirk Gornickel); **Shutterstock**: Inh.-Verz. m (Kuh: HasebaIcon), Inh.-Verz.r (Captain Wang), 2-3 (dragancfm), 4ur (yanik88), 5ur (Heizkörper: howcolour), 5or (21 Aerials), 6ur (VanderWolf Images), 7or (Ground Picture), 12or (Vitpho), 14or (ETIENjones), 20ul (Oaisu), 20ur (Kuh: HasebaIcon), 21mr (Heizkörper: howcolour), 21or (ShDrohnenFly), 25 (Evgeny_V), 28or (CW craftsman), 31u (NicoElNino), 32or (The Desert Photo), 36ul (Oleksii Sidorov), 37or (Vladimir Zhoga), 43ur (Nancy Pauwels), 45mr (Mariana Serdynska); **Siemens Mobility GmbH**: 39ur; **Skysails Power GmbH**: 16, 17ur; **Wikipedia**: 44or (CC BY-SA 4.0 / Raimond Spekking)

Vorsatz: **Getty Images**: (SONGPHOL THESAKIT)

Umschlagfotos: **Getty Images**: U4 (Monty Rakusen); **Shutterstock**: U1 (fokke baarssen)

Gestaltung: Tessloff Verlag
Lektorat: Lisa Hebler
Grafik: Jennifer Wunderwald
Bildredaktion: Michaela Koch, Die Bildbeschaffer GmbH
Drucker: Livonia Print

www.tessloff.com

ISBN 978-3-7886-7714-5

✓ **Hab ich schon.**

✗ **Brauch ich noch!**